Loi n° 49 956 du 16 juillet 1949 sur les publications
destinées à la jeunesse : septembre 1993
Dépôt légal : septembre 1993
Imprimé en France par Aubin Imprimeur, Ligugé

Marie Wabbes

J'AIME LES POMMES

ARCHIMÈDE
l'école des loisirs
11, rue de Sèvres, Paris 6ᵉ

Les pommiers sont en fleur.
Des abeilles volent d'une fleur
à l'autre.

Quand les fleurs se fanent
et perdent leurs pétales,

elles se transforment
en petites pommes.

Quand il y a trop de pommes
sur les branches,
elles tombent dans l'herbe.

Les pommes sur la branche grossissent ;

maintenant elles sont aussi grandes
que les feuilles.

C’est l’été, les pommes mûrissent,
deviennent rouges et appétissantes.

Il existe des centaines de variétés de pommes ; des rouges, des vertes, des luisantes, des rêches, des petites et des grosses.

Elles portent chacune un nom.

Voici une pomme
bonne à manger
tout de suite…

… miam, miam,
il n'en reste
que le trognon.

On coupe les pommes en deux…

… puis en quatre morceaux…

… pour faire du jus de pommes

ou de la compote.

On pèle la pomme pour la râper…

… et la faire manger à la cuillère aux bébés.

Avec un vide-pomme,
on enlève le cœur du fruit
pour faire des pommes au four…

… ou des rondelles de pommes séchées.

Les pâtes de pommes,

les tartelettes
aux pommes,

les chaussons
aux pommes…

… et les tartes aux pommes mettent l'eau
à la bouche des petits gourmands.
«J'aime les pommes !»